EL TAROT DE MARSELLA

JULI PERADEJORDI

EL TAROT DE MARSELLA

EDICIONES OBELISCO

Colección Cartomancia y Tarot
El Tarot de Marsella
Juli Peradejordi
1.ª edición: noviembre de 2021
3.ª edición: junio de 2024

Maquetación: *Isabel Also*
Diseño de cubierta: *Carol Briceño*
Corrección: *David Aliaga*

Edita: Ediciones Obelisco, S. L.
Collita, 23-25. Pol. Ind. Molí de la Bastida
08191 Rubí - Barcelona - España
Tel. 93 309 85 25
E-mail: info@edicionesobelisco.com

ISBN: 978-84-9111-751-3
Depósito Legal: B-13.306-2021

Printed in China

EL TAROT DE MARSELLA

El Tarot es un conjunto de láminas simbólicas que se utilizaba en la Edad Media como un mero juego de cartas. Otro uso del que han sido y siguen siendo objeto estas láminas es como soporte cartomántico, adivinatorio; pero su propósito original, y por este motivo está compuesto de Arcanos o misterios, es transmitir un mensaje o una enseñanza relativos al misterio de la vida, el verdadero destino del hombre. Se trata de un autorizadísimo libro esotérico que puede ser leído desde varios ángulos distintos, en niveles diferentes. Para la mayoría no servirá más que para predecir el porvenir, el destino astrológico que componen los acontecimientos agradables o desagradables de este mundo. Para otros, pocos, será un auténtico libro profético que les hablará discreta pero cálidamente del porvenir, del mundo futuro, verdadero destino del hombre. Entre todos los Tarots que hemos podido consultar y entre los que se pueden adquirir hoy en día en el mercado, creemos que el más tradicional, tanto por sus figuras como por sus colores, es el llamado Tarot de Marsella. En él hemos basado las interpretaciones que damos en este breve libro.

Se cree que el Tarot de Marsella apareció en el sur de Francia hacia el siglo XVI, y que procedía de Italia. Para ciertos eruditos, sin embargo, algunos de los naipes que componen este Tarot serían de procedencia alemana. Los nombres de los Arcanos Mayores del Tarot de Marsella están en francés y su numeración en cifras romanas. Muchos de los juegos de Tarot franceses posteriores están basados en el Tarot de Marsella, aunque no conservan con precisión los mismos colores. En la actualidad, el Tarot de Marsella puede adquirirse comercialmente con los nombres de los Arcanos Mayores en francés, español, inglés, e incluso en versión bilingüe francés-inglés.

Cabe destacar su extraordinario colorido. Aparte del blanco y del negro, los tres colores que predominan son el rojo, el azul y el amarillo-oro, aunque también aparece, más dosificado, el verde.

Los colores

Como iremos viendo a lo largo de este libro, los colores que aparecen en las láminas del Tarot poseen un extraordinario poder psíquico que facilitará su interpretación cartomántica, pero ocultan también un preciso simbolismo si son considerados desde la perspectiva del esoterista. Así, el blanco simboliza la pureza y la bondad, el rojo, la energía y el coraje, el amarillo, la luz y el honor, el azul, la sabiduría y el conocimiento, el verde, la tranquilidad y el crecimiento, pero también la impureza (recordemos la expresión «viejo verde») y, finalmente, el negro evoca el dolor y la muerte.

El simbolismo de los detalles y de la orientación de los personajes

La orientación. La orientación de los personajes que aparecen en los Arcanos Mayores del Tarot indica la naturaleza de éstos. Según se dirijan hacia la iz-

quierda o la derecha, o estén de frente, nos sugerirán una dirección y una naturaleza distintas. Si están sentados, el sentido general del naipe será diferente de si están de pie. Veremos también que en algunas ocasiones la dirección de la cabeza no coincide con la del cuerpo.

La cabeza. La cabeza de los personajes que aparecen en los Arcanos Mayores suele expresar reflexión y voluntad. Su significado será distinto si está descubierta o no, si está coronada o simplemente lleva sombrero.

Los cabellos suelen simbolizar receptividad, indicando su color con qué plano están en armonía. La barba, por el contrario, indica actividad, influencia y voluntad. En esto coincide con la astrología, para la que los cabellos corresponden a Venus, y la barba, a Marte.

El cuello. El cuello hace el papel de puente entre la cabeza y el cuerpo, entre la voluntad y la acción, entre lo abstracto y lo concreto, entre la reflexión y la ejecución. La naturaleza de esta relación depende también del color que vemos en el cuello. Tradicionalmente, el cuello simboliza la comunicación entre el alma y el cuerpo; es, por así decirlo, la pequeña columna vertebral del alma.

El pecho. El pecho de los personajes de los Arcanos Mayores suele referirse a la parte emotiva del hombre. El color, los botones y otros detalles que aparecen en él nos ofrecen indicaciones sobre sus sentimientos, su pureza, su intensidad, etc.

Los brazos. Los brazos sugieren la idea de acción y son los ejecutores de lo ordenado por la cabeza. Si se dirigen hacia abajo, indican que la acción ya ha tenido lugar, o que existe una dificultad para actuar. También pueden señalar estancamiento o indecisión. Los brazos hacia arriba significan captación de

una fuerza, o que la acción comienza entonces. Cuando están a la altura de la cintura, indican que está ocurriendo algo.

Las piernas. La posición y el color de las piernas de los personajes de los Arcanos Mayores del Tarot se refieren también a la acción. Cuando están cubiertas por un manto o una falda y no se las ve, indican falta de movimiento, estancamiento, pero asimismo pueden remitir a la estabilidad.

Los objetos. La presencia o ausencia de objetos en una carta igualmente tiene su importancia. El fardo de *Le Mat* señala su triste destino mientras que el cetro de *Le Chariot* nos indica su poder. La ceguera de *L'Hermite* nos la delata la lámpara que transporta, y el secreto de *Le Diable* se encuentra simbolizado por su espada que carece de empuñadura.

Las letras. En algunos naipes nos encontramos con letras, más o menos ocultas. Aparte de las evidentes «N. R.» de *Le Chariot,* que hacen alusión al maestro naipero Nicolas Rolichon, hay en algunos naipes letras hebreas que no se aprecian a simple vista.

LOS 22 ARCANOS MAYORES

La baraja del Tarot se compone de 78 láminas distribuidas en 22 Arcanos Mayores y 56 Arcanos Menores. Los 22 Arcanos Mayores están formados a su vez por 21 láminas numeradas y una que carece de número. Los 56 Arcanos Menores están formados por cuatro series de 14 láminas.

Al estudiar los Arcanos Mayores, lo primero que llama la atención es ver que uno de ellos no está numerado. ¿Por qué no tiene *Le Mat,* El Loco, como las demás cartas, un número que le sea propio?

Para responder a esta pregunta será necesario rememorar el sentido simbólico de los números. En la Antigüedad, éstos constituían un verdadero soporte de elaboraciones simbólicas. Los números no eran lo mismo que las cifras, que actualmente se utilizan tan sólo para realizar operaciones aritméticas. No servían, como ocurre hoy en día, para expresar únicamente cantidades; eran también la expresión de ideas, fuerzas o cualidades. Desde el punto de vista de la tradición, no existe la casualidad, y todo, en este mundo, está interrelacionado, tiene que ver entre sí. Todas las cosas correspondían originariamente a su nombre y al valor numérico de éste.

A menudo, gracias a este valor numérico se podía acceder a la comprensión esotérica de muchas palabras o cosas. La Cábala judía está llena de ejemplos que nos lo demuestran.

Cada número posee, por así decirlo, una personalidad propia, un simbolismo particular. Para Platón, los números constituían «el más alto grado del conocimiento», y la esencia de la armonía cósmica e interior.

Le Mat, El Loco, el individuo errante, es el hombre profano que no está aún en este camino y que, por lo tanto, carece de orden y de número. No cabe la menor duda de que también camina y se esfuerza con la mejor voluntad, cargando en su hombro derecho con el pesado fardo de la muerte, pero se dirige hacia la nada, movido y acosado por una fuerza inconsciente que le muerde el trasero.

Para entrar en el proceso de la creación, en la obra mágica de la regeneración, El Loco ha de recibir su número; si no, está «fuera de la obra», y no forma parte del libro. Como veremos, cada Arcano del Tarot posee un simbolismo estrechamente relacionado con su número y con su nombre.

Antes de proceder al análisis de ese simbolismo, creemos útil trazar un cuadro con el nombre original de cada Arcano, así como con su traducción castellana más frecuente.

Cada uno de los Arcanos Mayores se divide en tres partes. En la superior, que en cierto modo corresponde a arriba o al Cielo, aparece el número de este Arcano. En el medio, parte relacionable con el psiquismo y con el astral, vemos la representación simbólica o el dibujo del Arcano. En la parte inferior, que correspondería abajo, o sea a la Tierra, aparece el nombre por el cual lo conocemos. En esta generalización tenemos, sin embargo, dos excepciones: El Loco y La Muerte. El primero carece de número y la segunda de nombre. Podríamos decir que La Muerte es el destino de El Loco, el agujero negro hacia el cual se dirige inconscientemente (pues carece de número o de conciencia superior),

adonde le conducen la bestia que le está mordiendo el trasero, como un perro pastor a un cordero, y el seco bastón en el que se apoya compensando su natural cojera.

Arcanos Mayores

LE MAT	EL LOCO
I LE BATELEUR	EL MAGO
II LA PAPESSE	LA PAPISA
III L'IMPÉRATRICE	LA EMPERATRIZ
IIII L'EMPEREUR	EL EMPERADOR
V LE PAPE	EL PAPA
VI L'AMOUREUX	EL ENAMORADO
VII LE CHARIOT	EL CARRO
VIII LA JUSTICE	LA JUSTICIA
VIIII L'HERMITE	EL ERMITAÑO
X LA ROUE DE FORTUNE	LA RUEDA DE LA FORTUNA
XI LA FORCE	LA FUERZA
XII LE PENDU	EL AHORCADO O EL COLGADO
XIII (LA MORT)	(LA MUERTE)
XIIII LA TEMPÉRANCE	LA TEMPLANZA
XV LE DIABLE	EL DIABLO
XVI LA MAISON DIEU	LA TORRE O LA CASA DE DIOS
XVII L'ÉTOILE	LA ESTRELLA
XVIII LA LUNE	LA LUNA
XVIIII LE SOLEIL	EL SOL
XX LE JUGEMENT	EL JUICIO
XXI LE MONDE	EL MUNDO

LE MAT O EL LOCO
(ARCANO NO NUMERADO)

Descripción. Esta carta representa a un hombre con un gorro de bufón, empuñando en la mano izquierda un hueso roto con el que sostiene un pesado fardo. Con la derecha intenta apoyarse en un rígido y seco bastón. Este hombre camina triste y solo, sin rumbo fijo, acosado por una bestia que le muerde el trasero y que le destroza el vestido.

El suelo de este naipe es amarillo y accidentado, y vemos en él cuatro plantas: dos blancas y dos verdes.

Simbolismo. No se sabe con certeza de dónde procede la palabra *mat,* que da su nombre a este Arcano. Para algunos

autores provendría del persa y significaría «muerte», para otros derivaría de la palabra italiana *matto,* «loco». Mas para otros, tendríamos que ver su origen en el adjetivo *mat* que, en francés antiguo, significaba «agotado», «cansado», «extenuado». En provenzal, *mat* significa «triste», «abatido».

Para algunos eruditos este término procedería del *mataios* griego: «tonto». «imbécil». Todos estos sentidos no se contradicen, sino que se complementan.

El vestido del personaje de esta carta es parecido al de los bufones reales, y los cascabeles que penden de su cuello bien podrían evocar la locura. De todos modos, lo que sí que nos sugieren es que nos hallamos ante un hombre animalizado, pues los cascabeles suelen colgar del cuello de los animales.

Si bien esta carta carece de número pero no de nombre, otro Arcano del Tarot posee un número y carece también de nombre. Se trata, como hemos visto, del Arcano n.º XIII, llamado La Muerte. Esto parece indicar que existe una vinculación entre El Loco y La Muerte. El rígido y seco bastón en el que se apoya indica que El Loco se sostiene en la muerte pues, al contrario de la vara de Aarón (*véase* Números 17:8), este bastón no está florido, está separado de la vida, de la fuente de la vida.

El Loco es el hombre profano, separado del Árbol de la Vida, que no sabe ni de dónde viene ni adónde va, que vaga desorientado, sin un norte, cargado con el pesado fardo de la muerte y acosado por la bestia que le ataca despiadadamente en su punto más vulnerable. Es el hombre entregado a sus propias fuerzas, a su limitadísimo conocimiento, juguete inconsciente de un ineludible destino que le llevará a su carta homóloga: La Muerte.

¿Por qué huye? Probablemente no lo sepa, pero lo cierto es que o escapa o el animal que lo persigue acabará con él.

Es el hombre acorralado, como el rey del ajedrez que está en situación de «jaque mate», ahogado y mudo, que ha olvidado la Palabra de Vida y camina en su ignorancia. No se dirige, en modo alguno, hacia la resurrección, hacia la

carta n.º XXI, pues el hueso con el que sostiene su fardo está roto (*véase* Salmos 34:21), y la bestia devora su vestido, o sea el «cuerpo de la resurrección».

La bestia que le muerde el trasero se parece muchísimo a un gato, animal que en la Cábala se asocia a la serpiente, tan relacionada con la caída del hombre, y con el pecado (*Jatul,* «gato» en hebreo, y *Jet,* «pecado», se parecen mucho fonéticamente). Pero no nos engañemos, no es un vulgar minino, es el ángel de la muerte que le acecha a cada instante de su precaria vida.

La relación entre *chat,* «gato», y *chastier,* «castigar», en francés antiguo es obvia, pero no lo es tanto con *chastifier,* «hacer casto» o *chastrure,* «castración» (*véase Dictionnaire de l'ancienne langue française et de tous ses dialectes du IXe…* Godefroy, Frédéric, 1826-1897). El gato persigue a El Loco para castrarlo, para privarle de su fuerza generadora.

Interpretación cartomántica. Indeterminación. Locura. Impulsividad. Desorientación. Poca reflexión. Inmadurez. Desequilibrio. Extravagancia. Irracionalidad. Desenfreno. Tendencia al autoengaño. Optimismo excesivo. Ligereza. Frivolidad. Inicio de una aventura. Pasiones y obsesiones. Indiscreción. Manías. Tendencia a guiarse únicamente por la intuición. Incertidumbre ante los compromisos. Inconsciencia. Superficialidad.

Interpretación invertida. Indecisión. Deseos irracionales. Apatía. Complicaciones. Inseguridad. Incoherencia. Mala elección. Decisiones equivocadas. Caída. Abandono. Poca palabra. Inmovilización. Situación de callejón sin salida.

LE BATELEUR O EL MAGO

(ARCANO N.º I)

Descripción. Esta carta representa a un hombre que se muestra de pie, seguramente un mago, detrás de una mesa en la que aparecen varios objetos, entre ellos dos cuchillos de tipo oriental o dos navajas, unas monedas, dos cubiletes y una bolsa o un cestito. En su vestido se alternan los colores rojo y azul, y su cintura es amarilla.

El Mago sostiene una varita o un tubo con la mano izquierda, y una piedra amarillenta con la derecha. Su sombrero llama la atención, así como el árbol que se ve a lo lejos y que, con suma discreción, señala las partes nobles del personaje.

Simbolismo. Con este Arcano, *Le Bateleur* o El Mago, se inicia en realidad el libro mágico del Tarot, pues el anterior, *Le Mat* o El Loco, carecía de número y, por lo tanto, estaba fuera de esta obra. Los detalles de la vegetación que podemos apreciar en este naipe nos indican que estamos en primavera.

Es el primer verdor y el comienzo del año creador. *Le Bateleur*, El Mago, gracias a su curioso sombrero, parece captar la misteriosa fuerza primaveral. Los objetos que podemos ver sobre la mesa nos indican que El Mago trabaja con los Cuatro Elementos.

El cuchillo simboliza el Fuego; las monedas, el Aire; el vasito, el Agua y el recipiente o cestito dorado, la Tierra. *Le Bateleur,* El Mago, se encuentra a caballo entre el Cielo y la Tierra, pues uno de sus pies es azul (el Cielo), mientras que el otro es rojo (la Tierra). Esta carta nos enseña, por lo tanto, no sólo la época del año en la que tiene lugar el inicio del trabajo de El Mago, sino también el lugar donde lo realiza. Como el de su misma piel, el color de la mesa donde trabaja, el soporte de sus trabajos, es carne. Su forma nos recuerda al ataúd de color verde del que saldrá el personaje del Arcano n.º XX, El Juicio.

La palabra *bateleur* significa «bufón», «saltimbanqui», lo cual nos indica que este personaje corresponde en cierto modo al anterior, pero en otro estado. El término provenzal *batalhaire* significa «charlatán»; en gascón «belicoso».

Para algunos autores modernos, *Le Bateleur* o El Mago representa al adepto o al iniciado, pero no nos dicen por qué. Quizá sea sencillamente porque con él se inicia el juego. Si bien sabemos que el verbo *bateler* significa «hacer juegos de manos», también quiere decir «transportar en barca». Según la antigua tradición egipcia, después de morir, los difuntos descendían a las doce regiones del mundo inferior en una barca. Atravesaban miles de peligros y sufrían los violentos ataques de serpientes, demonios y espíritus del mal. Si se vieran abandonados a sus propias fuerzas, no podrían soportar tal situación, pero gracias al barquero que conduce la barca con serenidad, conocimiento y

experiencia, podían atravesar dichas penalidades y penetrar en el paraíso. ¿Hay mayor magia que ésta?

Observemos un último detalle curioso: la mesa sobre la que trabaja El Mago sólo tiene tres patas. Para algunos autores se trataría de un símbolo de la materia alquímica formada por tres principios, azufre, mercurio y sal. Pero el sentido común nos dice que para que algo aguante, una mesa o una silla, ha de apoyarse en al menos tres patas.

Interpretación cartomántica. Iniciativa personal. Creación. Originalidad. Empuje. Espontaneidad. Fuerza de voluntad. Confianza en uno mismo. Vitalidad. Destreza. Voluntad. Elocuencia.

Interpretación invertida. Inquietud. Falta de iniciativa o de empuje. Poca voluntad. Inseguridad. Destrucción. Charlatanería. Impostura. Mentira. Falta de escrúpulos. Enfermedad. Pereza.

LA PAPESSE O LA PAPISA

(ARCANO N.º II)

Descripción. Esta carta representa a una mujer sentada, en actitud inmóvil y misteriosa. Bajo su largo manto azul aparece un vestido rojo con una especie de tirantes o cordones dorados.

Su cabeza está coronada por la tiara pontificia, y un velo blanco cae sobre sus hombros. Una tela, color carne, como sus manos o el libro que está leyendo, parece preservarla del exterior. Da la impresión de que el personaje está absorto en la lectura de un libro.

Simbolismo. Los dos elementos más curiosos de este Arcano son, sin duda, el velo blanco que recubre a La Papisa y

el libro abierto color carne que está leyendo. La existencia de este velo ha hecho que muchos autores identificaran a La Papisa con la diosa egipcia Isis, basándose en una inscripción que, según Plutarco, estaba grabada en su estatua del templo de Sais: «Soy todo lo que ha sido, todo lo que es y todo lo que será, y mi velo no ha sido rasgado por ningún mortal».

Según otros autores, La Papisa sería «la Puerta del Santuario». El libro que lee podría simbolizar, por su color carne, el Libro de la Vida. Este mismo color y el hecho de que para leerlo lo esté tocando con los dedos, como si lo leyera con ellos, indica que su contenido no es algo abstracto, sino concreto, carnal y palpable.

Para leer este libro luminoso es necesaria una luz de iguales características, que parece estar representada por la tela color carne que la protege del exterior, de las miradas profanas. El hecho de que este libro esté abierto y situado sobre las rodillas indica que para poder leerlo hay que haber recibido lo que tradicionalmente se conoce por bendición. Si no, no se puede «decir bien». Esto viene indicado por la posición del libro sobre las rodillas, pues en hebreo la palabra «rodilla», *berej,* pertenece a la misma raíz etimológica que *berajah,* «bendición».

Este libro es, en cierto modo, la imagen de todo el Tarot, ilegible sin la bendición. Los dos pisos de la tiara de La Papisa señalan que su poder opera sobre el mundo físico y el espiritual. El físico está indicado por el primer piso, cuyas piedras son de color rojo, el color de la carne. El espiritual lo representa el segundo piso, cuyas piedras son de color verde, seguramente esmeraldas. Este piso sobrepasa la parte superior del naipe, para señalarnos que hay un contacto con el Cielo, simbolizado por esta parte superior.

El velo blanco que cae sobre La Papisa indica pureza. Sus pensamientos son puros, sus intenciones son puras, y sus ojos y su mirada son puros.

La tela color carne es del mismo color que el libro para representar que se trata de lo mismo, que su naturaleza es la misma. Un libro cerrado simboliza

esterilidad, sequedad y pobreza espiritual, mientras que el libro abierto indica fecundidad.

La Papisa de este Arcano ha sido, pues, fecundada. Es la leyenda de La Papisa Juana que, según la tradición popular, ocupó el trono de San Pedro bajo el nombre de Juan VIII. Marianus Scotus Minorita, autor del siglo XI, nos ha dejado una crónica en la que explica que al papa León IV le sucedió una mujer durante algo más de dos años. La Papisa habría quedado embarazada de un familiar suyo y, como ignoraba el momento en que iba a dar a luz, lo hizo accidentalmente en pleno día, durante una procesión entre la iglesia de San Clemente y el palacio de Letrán, en Roma. El pueblo que la rodeaba, indignado, la mató *ipso facto* junto con su hijo y los enterró allí mismo.

Interpretación cartomántica. Fecundidad. Sabiduría. Comprensión. Intuición. Penetración. Cultura. Dotes pedagógicas. Sentido práctico. Paciencia. Pasión. Religiosidad. Emotividad. Reserva. Sentido común.

Interpretación invertida. Superficialidad. Ignorancia. Hipocresía. Mediocridad. Mezquindad. Pereza. Falta de imaginación. Intolerancia. Indiferencia. Impaciencia. Falta de emotividad o emotividad desbordante. Conocimiento superficial.

IMPERATRIS, L'IMPÉRATRICE O LA EMPERATRIZ

(ARCANO N.º III)

Descripción. Esta carta representa a una mujer sentada en un trono color carne, vestida con una túnica azul y una falda roja, como el interior de su corona. Dirige su mirada hacia la derecha del naipe, como si estuviera buscando la complicidad de la carta siguiente, su marido, El Emperador.

La Emperatriz sostiene con la mano derecha un escudo color carne decorado con un águila. Con la mano izquierda sostiene un cetro dorado en cuya parte superior podemos ver un globo con una cruz.

Los cabellos de La Emperatriz son blancos y está sentada en un trono harto

curioso, pues la forma del respaldo recuerda a la de dos alas. Sus rodillas están muy separadas, y sus pies permanecen ocultos bajo la falda roja.

Simbolismo. Esta imagen no tiene en realidad nada especial, sobre todo desde el punto de vista simbólico. Para algunos autores se trataría de nuevo de Isis o la Madre Cósmica, interpretación que no compartimos. Su nombre viene del latín *Imperatrix*, que significaba «la esposa de un emperador».

Si bien algunas vírgenes cristianas estaban representadas también con un globo y una cruz, no nos consta ninguna imagen de Isis que goce de estos atributos.

El águila del escudo bien podría ser el Oro Volátil buscado por los alquimistas; observemos que sus alas son distintas de las del águila que aparece en el escudo de El Emperador (Arcano n.º IIII). Como ocurría con la lámina anterior, no se ven los pies del personaje. Esto podría simbolizar algo que no está fijado, en contacto con la tierra. Observemos también que su cinturón de oro no está, como debería, a la altura de la cintura, sino mucho más arriba. En el interior de su corona podemos apreciar también la forma roja de una llama.

Interpretación cartomántica. Pensamiento lógico. Comprensión. Inteligencia. Madre. Esposa. Hermana. Las influencias femeninas. Elegancia. Encanto. Fertilidad. Maternidad. Protección. Estabilidad doméstica. Dulzura. Seguridad. Ternura. Placer. Felicidad.

Interpretación invertida. Indecisión. Apatía. Duda. Falta de lógica. Lentitud mental. Confusión. Malas influencias femeninas. Esterilidad. Coquetería. Ostentación. Presunción. Vanidad. Superficialidad. Infidelidad. Despilfarro.

L'EMPEREUR O EL EMPERADOR

(ARCANO N.º IIII)

Descripción. Esta carta representa a un hombre sentado en un trono color carne, vestido de azul con una capa roja. Los cabellos y la barba son blancos, así como los pies. Todos los elementos de este Arcano parecen corresponder a los del anterior, La Emperatriz: un escudo con un águila y un cetro con una cruz.

La disposición de sus piernas en forma de 4 nos recuerda al personaje femenino que aparece en el Arcano n.º XXI, El Mundo.

Simbolismo. Observemos que el trono de El Emperador es del mismo color que el de La Emperatriz, color carne,

pero que entre ambos hay una diferencia: el de La Emperatriz tenía forma de alas y éste no. A La Emperatriz no se le veían los pies, mientras que a El Emperador sí. Esto parece señalar una diferencia esencial entre ambos: este último es terrestre, mientras que La Emperatriz, en cierto modo, participa del Cielo.

El Emperador parece estar concentrado en la contemplación del globo de oro de su cetro, y lo mira de frente; La Emperatriz, por su parte, parecía mirarlo de reojo.

La Emperatriz sostenía su cetro con la mano izquierda, pero El Emperador lo hace con la derecha. El escudo de La Emperatriz aparece también hacia la izquierda, y el de El Emperador, a la derecha.

Interpretación cartomántica. Poder. Fuerza. Dominio. Riqueza. Ganancias. Autoridad. El padre o el marido. Dotes de mando. Decisión. Carácter fuerte. Protección poderosa.

Interpretación invertida. Debilidad. Indecisión. Falta de eficiencia. Carácter débil. Pobreza. Pérdidas. Autodestrucción. Testarudez. Autoritarismo. Tiranía. Obstinación.

LE PAPE O EL PAPA

(ARCANO N.º V)

Descripción. Esta carta representa a un hombre anciano, con barba sentado ante dos columnas. Su vestido es azul, pero lleva una capa roja y está coronado por la mitra papal. Sostiene con la mano izquierda, con una cruz dibujada, un báculo de oro.

Dos personajes de tonsuradas cabezas, uno de los cuales tiene un sombrero azul en la espalda como si cayera del Cielo, parecen escucharle y recibir su bendición.

Simbolismo. El personaje de este Arcano, que verosímilmente simboliza al papa, podría corresponder al sumo sa-

cerdote que, ante las columnas del Templo, *Boaz* y *Yaquín,* impartía su bendición a sus fieles.

Observemos el carácter profano de este papa: no se dirige hacia el Templo, sino hacia sus fieles; no se dirige a Dios, sino al mundo (la palabra «profano» significa etimológicamente «aquel que está fuera del Templo»).

A pesar de su presunto carácter profano, El Papa sigue siendo el legítimo depositario de la tradición. Aunque no se dé cuenta de ello, en su mano izquierda, la que según los psicólogos corresponde al subconsciente, podemos ver el símbolo sagrado de la cruz. En su pierna se puede adivinar una letra hebrea *tav* (ת), que significa «signo», «señal».

El sombrero azul que parece caer del Cielo, símbolo de la bendición celeste, podría pasar totalmente desapercibido por ambos fieles cuya atención está dirigida hacia El Papa.

Interpretación cartomántica. Tradición. Bondad. Compasión. Dignidades eclesiásticas. Despertar espiritual. Clemencia. Perdón. Lealtad. Respetabilidad.

Interpretación invertida. Susceptibilidad. Renuncia. Moralismo estrecho o falta de moral. Dogmatismo. Fragilidad. Amargura. Burocracia. Decisiones fastidiosas. Problemas de salud.

L'AMOUREUX O EL ENAMORADO

(ARCANO N.º VI)

Descripción. Este Arcano representa a un joven imberbe de rubios cabellos, con la cabeza descubierta, situado en el centro de la carta. A su izquierda aparece una bella muchacha rubia y a su derecha, un personaje que podría ser un sacerdote de mediana edad que mantiene su mano sobre el hombro del joven. Este personaje es también imberbe, por lo que podría representar a una mujer hombruna y fea.

Un ángel, probablemente Cupido, está encima de los tres personajes, con un arco y una flecha dirigidos hacia el joven o quizás hacia la mano izquierda de la muchacha, como si estuviera indicando cuál es la elección correcta.

Simbolismo. El simbolismo de este naipe puede considerarse desde varios puntos de vista. Si lo interpretamos como el sacerdote (a la izquierda) que está casando al joven y a la muchacha, como han hecho varios autores, no entendemos qué papel juega aquí Cupido. Pero también podemos ver en esta carta a un joven indeciso (en el centro) que no sabe si escoger por mujer a una vieja fea y viciosa (a la izquierda) que no deja ver el color de sus mangas, o a la muchacha que se le ofrece a la derecha del naipe, cuyas mangas blancas indican pureza. Un curioso detalle nos permite adivinar quién ha de ser objeto de su elección: Cupido apunta con su flecha blanca a la mano de la muchacha. La flecha blanca indica amor puro. Su carácter celeste está representado por sus alas.

Para algunos autores el personaje de la izquierda señala el vicio y el de la derecha, la virtud; para otros se trataría del amor profano y del amor sagrado. Por otra parte, esta lámina se podría asociar a la parábola de Hércules que nos ha transmitido Filóstrato en su *Vida de Apolonio de Tiana,* de donde extraemos el párrafo siguiente: «Tú has visto en descripciones de pinturas el Hércules de Pródico, cómo Hércules es un joven, aún en el momento de elegir su forma de vida, y cómo la maldad y la virtud, disputando entre ellas, tratan de arrastrarlo: la una ataviada con oro y collares, con un vestido teñido de púrpura, con color en las mejillas, bucles en la cabellera y pintura en los ojos, tiene incluso sandalias de oro, pues aparece representada también caminando orgullosamente sobre ellas. La otra, en cambio, la virtud, se asemeja a una mujer muy trabajada, de mirada seca, que usa sus arrugas como adorno. Descalza, es modesta en su vestimenta; incluso se mostraría desnuda si no conociera lo que es en las mujeres decoroso».

Según los pitagóricos, la vida humana puede representarse por una letra «Y». El trazo central correspondería a la infancia, cuando no hay ni vicios ni virtudes, mientras que el de la izquierda, al vicio y el de la derecha, a la virtud.

También según los pitagóricos, después de la muerte, el alma ha de elegir entre dos caminos: uno a la izquierda, más solícito, que en realidad conduce a los infiernos; y otro a la derecha, más discreto, que lleva a los campos de los bienaventurados.

Interpretación cartomántica. Juventud. Belleza moral. Amor. Felicidad. Optimismo. Vida sentimental. Simpatía. Armonía. Inicio de una aventura sentimental. Tentación. Indecisión. Unión. Matrimonio.

Interpretación invertida. Fracasos sentimentales. Inestabilidad emocional. Incapacidad para decidirse. Separación. Pruebas amorosas. Divorcio. Ruptura. Deseos irrealizables. Vacilación. Irresolución. Escisión.

LE CHARIOT O EL CARRO

(ARCANO N.º VII)

Descripción. Esta carta representa a un joven rubio e imberbe, de pie en un carro de forma cúbica, en el que cuatro columnas sostienen un dosel color carne. La cara, las manos y el carro en cuestión también son de color carne. El tipo de corona nos indica que es un marqués. El cetro que sostiene con su mano derecha es diferente al de El Emperador (Arcano n.° IIII). En la cara frontal del carro aparecen las siglas «N. R.», las iniciales del creador de esta baraja. Las hombreras de la armadura de este personaje tienen forma de rostro. El carro es tirado por dos caballos, uno azul y otro rojo o, mejor dicho, por dos medios caballos,

que parecen dirigirse en direcciones opuestas, así como las dos ruedas del carro. El caballo azul, situado a la derecha, y levanta la pata izquierda, mientras que el rojo levanta la derecha. Es curioso observar que el personaje no está conduciendo el carro por medio de una rienda o algo similar. Parecería como si fuera solo.

Simbolismo. Para algunos autores, esta carta representaría a Faetón en el Carro del Sol en su Cielo diurno y su viaje más allá del río de los infiernos.

Según Court de Gébelin, esta lámina sería la imagen del dios-rey Osiris en su carro triunfal. Faetón era hermano de Circe y de Aetes. Según Ovidio, le pidió a su padre Helios (el Sol) que le dejara conducir su carro solar sin su ayuda. Al ser Faetón un joven inexperto, los corceles del Sol escaparon a su control y cayeron sobre la Tierra, provocando un terrible incendio.

Las dos máscaras que aparecen en los hombros del personaje nos recuerdan a Jano, y podrían representar el pasado y el futuro. Las dos letras («N. R.») que aparecen en el escudo de El Carro son las iniciales del nombre del maestro naipero Nicolas Rolichon.

Señalemos también, aunque no podamos profundizar en ello, que el tema de El Carro es uno de los más importantes de la Cábala, donde recibe la denominación de *Merkavah,* y se refiere a la famosa visión de Ezequiel.

Interpretación cartomántica. Éxito. Honores. Triunfo. Victoria. Recompensa. Viajes. Conquistas. Victorias, ya sea materiales, ya sea afectivas. Independencia. Altruismo. Talento.

Interpretación invertida. Derrota. Fracaso. Pérdidas. Problemas. Opresión. Oportunismo. Venganza. Fatiga. Preocupaciones. Dictadura. Accidente. Malas noticias.

❖

IUSTICE, LA JUSTICE O LA JUSTICIA

(ARCANO N.º VIII)

Descripción. Este Arcano representa a una figura femenina con una especie de corona, sentada en un trono dorado. Sostiene en la mano derecha una espada de empuñadura y filo dorados, y en la izquierda una balanza que también es dorada. Viste un abrigo azul sobre un vestido rojo. Algunos autores ven en el trono donde se sienta una especie de alas, también doradas. A La Justicia no se le ven los pies, que parecen estar escondidos bajo tierra, y tanto su corona como su espada rozan el Cielo.

Simbolismo. El número de este Arcano corresponde en la astrología a la

Casa VIII, la Casa de la Muerte, regida por el planeta Marte. A primera vista no parece haber relación alguna entre la muerte y este Arcano, pero en el fondo se refieren a la misma experiencia.

Señalemos que la espada es un instrumento de naturaleza marciana; sirve para cortar, matar, separar. La muerte es, ante todo, una separación; esto lo veremos también al comentar el Arcano n.º XIII, en el que aparece una calavera con una gran guadaña. Se trata, sin duda, de la separación del cuerpo y del alma que tiene lugar en la muerte. Esta separación está simbolizada aquí por la espada. Posteriormente a la muerte, el alma es pesada, y si da el peso puede penetrar en el Paraíso. Toda la tradición egipcia nos habla de esta «pesada del alma», y nos encontramos también con este motivo en *Las bodas alquímicas de Christian Rosacruz.*

Si colocamos una escuadra en el borde de la carta, detectaremos que la balanza se inclina suavemente hacia la derecha. Se trata de uno de los secretos más importantes de la Cábala, la superioridad de la misericordia sobre el rigor, que permite que el mundo subsista. No es casual que el Zohar nos diga que «el Justo es el fundamento del mundo». Por otra parte, la espada también parece inclinarse ligeramente hacia la derecha.

Interpretación cartomántica. Legalidad. Justicia. Disciplina. Sentido práctico. Estabilidad. Rigor. Claridad. Rectitud. Armonía. Prudencia. Equilibrio.

Interpretación invertida. Falta de iniciativa. Fanatismo. Intolerancia. Falta de lealtad. Problemas con la ley o la justicia. Desorden. Trampas. Inmoralidad. Violencia. Brutalidad. Disputas. Irreflexión. Dictadura.

L'HERMITE O EL ERMITAÑO

(ARCANO N.º VIIII)

Descripción. Esta carta representa a un barbudo anciano que camina penosamente ayudándose de un bastón seco y de una lámpara.

Va vestido de rojo, con una capucha y un manto azul. Tanto el bastón como la barba, el bigote, la cara y las manos son de color carne. La lámpara que sostiene penosamente con la mano derecha parece estar formada por seis caras. La cara central es roja. El fondo del naipe está sin colorear, pero el bastón nos indica que El Ermitaño camina sobre un suelo amarillo estriado, y sus pies no se ven. La luz roja parece proyectarse sobre su vestido que también es rojo.

Simbolismo. Para algunos autores el personaje de esta carta representaría a Diógenes, que caminaba a la luz del día con una lámpara encendida «en busca de un hombre». Al menos simbólicamente, esta interpretación nos parece razonablemente correcta, pues El Ermitaño es el hombre en busca de sí mismo, a través de las penalidades de la vida, en su peregrinación hacia sí mismo.

Esta carta presenta también alguna similitud con el Arcano sin número llamado *Le Mat* o El Loco, pero su bastón ya no es amarillo, sino color carne, y ha dejado de ser recto, probablemente a causa del peso de los años. Se trata en ambos casos del hombre que camina penosamente, apoyado en un bastón seco y sin vida. La bestia que veíamos en El Loco no aparece sin embargo en esta carta, pues El Ermitaño ha renunciado a los placeres de la carne, pero no deja por ello de ser un hombre que vaga sin rumbo, que camina como un ciego, alumbrándose solamente con una lámpara de luz roja, o sea, guiándose por su sentido carnal y no por una luz superior.

El manto, de color azul, intenta tapar el vestido rojo, pero no llega a ocultarlo. Su intachable moralidad, sus buenos sentimientos y, sobre todo, sus buenas intenciones no son suficientes para vencer las pasiones; sólo logran ocultarlas y reprimirlas.

La palabra «ermitaño» procede del término griego *eremites,* a su vez derivado de *eremos,* «desierto». Esto nos indica con el color amarillo de la arena del suelo de este naipe que El Ermitaño es un peregrino que camina por el desierto de este mundo.

Interpretación cartomántica. Concentración. Consejo. Silencio. Prudencia. Estudio. Soledad. Problemas intelectuales. Coordinación. Meditación. Discreción. Cautela. Introversión. Autonegación. Temor a lo desconocido. Incapacidad de relación. Miedo a la vida y a la realidad.

Interpretación invertida. Imprudencia. Timidez. Insociabilidad. Obsesiones. Pobreza. Estupidez. Inmadurez. Retrasos. Soledad excesiva. Autoaislamiento. Misantropía. Tendencia a la depresión. Sinsabores sentimentales. Dificultades.

LA ROUE DE FORTUNE O LA RUEDA DE LA FORTUNA

(ARCANO N.º X)

Descripción. Esta carta describe La Rueda de la Fortuna, que tiene seis radios y tres personajes. Éstos son tres figuras ridículas. La de la izquierda es una especie de simio que parece caerse; la de la derecha, un extraño animal demoníaco, que parece subir. El personaje del centro es una especie de esfinge alada y coronada, que sostiene orgullosamente una espada en la mano izquierda mientras se apoya sobre la derecha. El aparejo de madera que sostiene la rueda es de color amarillo, la manivela que la hace rodar, de color blanco y la rueda de color carne. El suelo, también de color carne, está estriado por trazos negros.

Simbolismo. Las tres figuras de este Arcano parecen simbolizar lo que en astrología se llama Ascendente, Medio del Cielo y Descendente. La de la derecha, que parece tener la fortuna a su favor, se dirige hacia arriba y correspondería al Ascendente astrológico. La del centro, en su ridículo apogeo, con una espada y una corona no menos ridículas que le infunden una falsa seguridad en sí misma, correspondería al Medio del Cielo, cúspide de la Casa x, que simboliza en astrología los honores, la posición social y la carrera. La figura de la derecha aparece como si estuviera cayendo de un estado anterior, descendiendo por La Rueda de la Fortuna.

Observemos que la manivela que hace girar la rueda es de color blanco; corresponde a la fuerza pura de la providencia. Esta fuerza sólo sirve para subir, para ir hacia arriba. Una vez allí, el hombre cae por su orgullo; reparemos en que dicha manivela sólo sostiene el lado derecho de la rueda. Todo esto ocurre en el mundo de la carne, como nos indica el color del suelo.

Este naipe podría interpretarse de otra manera, recurriendo de nuevo a la astrología. Existe un punto en cada horóscopo, llamado «Rueda de la Fortuna», que se calcula a partir de las posiciones del Sol, de la Luna y del Ascendente. El personaje de la derecha correspondería al Ascendente, el del centro al Sol, y el de la izquierda a la Luna.

Interpretación cartomántica. Fortuna. Oportunidades. Éxito. Suerte. Elevación. Iniciativa. Felicidad. Culminación. Cambios favorables. Viajes.

Interpretación invertida. Cambios desfavorables. Mala suerte. Falta de oportunidades. Inseguridad. Falta de seriedad. Interrupción. Salud descuidada. Peligro que se avecina.

LA FORCE O LA FUERZA

(ARCANO N.º XI)

Descripción. Esta carta representa a una mujer rubia vestida de azul con una capa roja, que mantiene abiertas las fauces de un león casi sin esfuerzo. Esta mujer parece estar descalza. El león es amarillo o dorado, y contrasta con el vestido de la mujer. Sobre su cabeza luce un sombrero cuya forma recuerda al de *Le Bateleur,* El Mago. En esta lámina tampoco se ve el suelo.

Simbolismo. Este Arcano recibe también el nombre de «el león domado».

El león bien podría significar la fuerza, la virtud adámica. Cuando no está domado, «se come al hombre», lo corroe

interiormente hasta conducirle al fatal desenlace que nos describe el Arcano n.º XIII.

El león es también un símbolo del rey; «La cólera del rey es como el rugido del león», se nos dice en Proverbios (19:12), pero «su favor es como rocío sobre la hierba». Esta fuerza, capaz de restituir al hombre a su estado edénico, ha de ser domada «suavemente, con gran industria», o sea, herméticamente, sin ningún tipo de esfuerzo, tensión o violencia, como nos indica la facilidad con la que la mujer del naipe lo realiza. El león, animal solar, se nos aparece como un fuego que hay que apaciguar y dulcificar.

No es casual que los adeptos coincidan diciendo que la alquimia es «como un trabajo de mujeres y un juego de niños». Por esta razón el personaje de este naipe es una mujer y no un forzudo Hércules o un Sansón como podría creerse.

Interpretación cartomántica. Fuerza. Realización. Iniciativa. Energía. Determinación. Heroísmo. Salud. Intrepidez. Fuerza interior. Fe. Energía moral. Energía controlada. Dominio de la situación. Ardor.

Interpretación invertida. Debilidad. Impotencia. Enfermedad. Abuso de poder. Crueldad. Mezquindad. Guerra. Enfrentamiento. Intervención quirúrgica. Rudeza. Brutalidad.

LE PENDU O EL AHORCADO

(ARCANO N.º XII)

Descripción. Esta carta representa a un hombre joven de cabellos azules, colgado de un madero que aguantan dos árboles aparentemente secos, a pesar de estar plantados sobre un suelo fértil. Los zapatos del personaje, así como su pechera, son también de color azul, pero sus mangas y sus piernas son de color rojo.

Simbolismo. Si consideramos este naipe desde el punto de vista astrológico, no deja de ser curioso que no esté colgado por el cuello, sino por un pie, parte del cuerpo que corresponde al signo de Piscis y a la Casa XII.

Los dos árboles que sostienen el madero de donde pende parecen haber sido podados de seis ramas cada uno, en total 12, como los signos zodiacales. Si lo sumamos al madero del que está colgado, en el que también ha sido podada una rama, obtenemos 13, el número de La Muerte, el de la carta que le sigue. Nuestro colgado parece tener las manos atadas detrás de su cuerpo y su cabeza está en un hueco, lo cual podría evocar su inminente enterramiento.

Para algunos autores, esta carta correspondería, como el Arcano n.º I, al iniciado. No podemos olvidarnos de que Dante, para salir de los infiernos, tuvo que ponerse cabeza abajo.

Un famoso pasaje del Zohar nos explica que «este mundo está completamente al revés respecto al mundo en el que el alma se eleva». Esto parece indicarnos que la iniciación, que en cierto modo es la puerta, la penetración o la visión del «mundo en el que el alma se eleva»», consiste en una conversión, en un «darse la vuelta» que a su vez «da la vuelta» a nuestra percepción errónea de la realidad. El ahorcado de este naipe no parece estar sufriendo, sino todo lo contrario. Esta inversión también está indicada sutilmente en el nº XII del arcano, que en este tarot en concreto está escrito al revés.

Por otra parte, la cuerda que lo mantiene atado al madero verde (el verde es un símbolo de la verdad) es blanca (o sea, pura) y no le aprieta por ninguna parte. Para los cabalistas la cuerda simboliza la fe.

Interpretación cartomántica. Sacrificio. Cambio. Transición. Desinterés. Renuncia. Apatía. Tedio. Abandono. Misticismo. Abnegación.

Interpretación invertida. Fracaso. Pérdidas. Amonestaciones. Sacrificios inútiles. Falta de esfuerzo. Utopía. Ensueño. Tristeza. Agotamiento. Expiación. Contrariedades. Falta de determinación. Proyectos irrealizables. Proyectos dudosos. Ilusiones. Pobreza.

ARCANO N.º XIII

(ARCANO SIN NOMBRE; REPRESENTA LA MUERTE)

Descripción. En esta carta se ve un esqueleto color carne, armado de una gran guadaña de mango dorado y filo rojo, sobre un campo negro en el que aparecen dos cabezas, pies y huesos humanos. Vemos también unas cuantas matas de plantas amarillas.

Tan claro es el significado de este naipe, que no tiene nombre. Porque a La Muerte no hay que nombrarla.

Simbolismo. Esta carta recibe también el nombre de «El Guadañero». Dada la forma de la guadaña, parecería que ha sido ella quien ha dividido al naipe en dos partes: una blanca, pura, y otra ne-

gra, impura. Por esta razón, esta carta sugiere la idea de separación. También podría interpretarse que la guadaña ha separado al personaje masculino (del que sólo se ve su cabeza coronada) del femenino, cuya cabeza está a la derecha. Se trata de la separación de dos principios, pues la cabeza es el símbolo del principio.

El filo de la guadaña es de color rojo, encarnado, por lo que parece referirse a la vida encarnada. Su forma de «V», inicial de la palabra «vida» podría tener también la misma interpretación. En efecto, la vida encarnada del hombre en este mundo caído constituye una dramática separación de sus dos principios, el masculino y el femenino, al tiempo que una verdadera mezcla con la materia densa y tenebrosa que lo mantiene prisionero, simbolizada por el suelo del naipe, de color negro.

El principio femenino del hombre, su psiquismo, sueña a veces con elevarse hacia la pureza original, e incluso cree llegar a tener algunos atisbos de ella. Pero todo esto es vano, pues la muerte, inflexible e ineludible, le está pisando la cabeza.

Ésta es la vida del común de los mortales: una muerte lenta, silenciosa y corrosiva, un malgastar cotidiano e inconsciente de su vida. Pero si La Muerte está pisando con su pie saturnino la cabeza del personaje femenino, en este mundo, el «Reino de Saturno», en el otro, el «Siglo de Oro», la virgen aplasta con su pie la cabeza de la serpiente.

Interpretación cartomántica. Grandes cambios. Muerte. Transformación. Renovación. Purificación. Limpieza. Regeneración. Sexualidad. Guerra. Magia. Rebelión. Desprendimiento. Ascetismo. Progreso.

Interpretación invertida. Estancamiento. Inmovilidad. Accidente grave. Ruina. Alejamiento. Fracaso. Fatalidad. Vejez. Tristeza. Melancolía. Decrepitud.

TEMPÉRANCE O LA TEMPLANZA

(ARCANO N.º XIIII)

Descripción. Esta carta representa a una mujer angélica. Su vestido es azul y rojo, el cabello azul y las alas color carne. Está vertiendo agua de un ánfora o una jarra azul a otra roja. Sus rizos azules le caen graciosamente sobre los hombros y lleva una flor en el centro de la cabeza, justo encima de la frente.

Simbolismo. Dado el color de las ánforas, parece como si el ángel de La Templanza estuviera vertiendo la quintaesencia celeste en el recipiente terrestre. La jarra azul se encuentra más arriba que la roja, quizá para indicarnos que la gracia o la misericordia ha de superar al ri-

gor o a la ira para que exista el equilibrio. En este caso, la dulzura de la gracia está templando y dulcificando el rigor.

Espiritualmente, éste parece ser el resultado de la contemplación que, como su etimología –la misma que la de la palabra «templanza»– indica, se realiza en el interior, en el secreto del templo.

Interpretación cartomántica. Templanza. Moderación. Esperanza. Paciencia. Búsqueda. Éxito. Armonía. Adaptabilidad. Amor sin pasión.

Interpretación invertida. Discordia. Exceso. Conflicto. Impaciencia. Incomprensión. Frustración. Esterilidad. Desunión. Hostilidad. Pereza. Abandono. Apatía.

LE DIABLE O EL DIABLO

(ARCANO N.º XV)

Descripción. Esta carta representa a un cornudo personaje medio desnudo, con alas parecidas a las de un murciélago, de color azul. Las manos y los pies tienen forma de garras, y son de color carne sombreado.

En la mano izquierda sostiene una espada que no tiene mango. Se trata de El Diablo, que está encima de un yunque rojo al que están atados por el cuello con una gruesa cuerda dos personajes cornudos. El de la izquierda es un macho y el de la derecha, una hembra.

Simbolismo. Para algunos autores la figura central de este Arcano representa-

ría a Plutón, el dios de los infiernos, para otros se trataría de Tifón, el enemigo de Osiris. Sea como fuere, el nombre mismo de la carta nos da fe de ello; se trata de El Diablo.

El Diablo tiene a Adán y Eva separados, completamente bestializados, y atados a un yunque de color rojo. El yunque y la espada nos indican la naturaleza marciana de este naipe, es decir, la agresividad y la corrosividad de El Diablo o de la fuerza representada por él. Con la espada que, como podemos observar, carece de mango, ha separado a Adán y Eva que estaban unidos. Sus orejas y su cola indican que han caído en un estado animalizado, y el sombrero cornudo que está sobre sus cabezas alude a su pecado adúltero.

Adán y Eva están atados a un yunque de color rojo para indicar que es en la vida encarnada, en la que sufrirán tantos golpes y contrariedades, donde se forjarán interiormente.

No pueden ejercer el amor pues los dos están prisioneros y maniatados por El Diablo, que los vigila y amenaza constantemente con su espada. Pero es precisamente esta espada que sostiene con tanto orgullo lo que tendría que recuperar el hombre para cortar la cuerda del destino que le oprime el cuello. Pero El Diablo difícilmente se la deja arrebatar.

Interpretación cartomántica. Caída. Violencia. Maldad. Fracaso. Crimen. Sexualidad. Pasión. Fuerzas tenebrosas. Destino ineludible. Ruina. Autodestrucción. Esclavitud. Locura.

Interpretación invertida. Escapatoria. Separación. Alivio. Regeneración. Éxito tardío. Liberación.

LA MAISON-DIEU O LA TORRE

(ARCANO N.º XVI)

Descripción. Esta carta representa a una torre cuyo tejado acaba de abrirse, sacudido violentamente por un rayo. Dos personajes vestidos de rojo y de azul, de cabellos azulados, caminan sobre sus manos, con alegría. Del Cielo caen bolas azules, blancas y rojas, los tres colores de la obra alquímica, y de la bandera francesa. Al pie de la torre, en el suelo, pueden apreciarse dos pequeños charcos de agua.

Simbolismo. Para algunos autores, esta carta representaría la torre de Babel; para otros se trataría de «la Torre de la Destrucción». Ambas interpretaciones nos parecen del todo erróneas.

Otros autores, más sutiles, han sugerido que existe una equivalencia simbólica entre la torre y el atanor alquímico. En efecto, en el capítulo XVIII de la famosa obra alquímica *La entrada abierta al palacio cerrado del rey,* párrafo IX, Ireneo Filaleteo describe el atanor diciendo que tiene forma de «torre de nido» y, más adelante (párrafo X), «que el nido ha de tener también en su cima una tapadera». Para Dom Pernety, el erudito alquimista benedictino, La Torre es también un símbolo del atanor; este autor nos explica alquímicamente el famoso episodio de Danae, encerrada en una torre de estaño. Sólo Júpiter (símbolo del Fuego celeste) pudo, en forma de lluvia, introducirse en la torre y liberar a la prisionera. Según este mismo autor, otro de los nombres del atanor es «la Casa del Pollo de los Sabios», lo cual no deja de ser curioso si pensamos en el «nido» de Filaleteo.

En el naipe del Tarot de Marsella podemos ver el Fuego celeste y la lluvia que, en cierto modo, representan a Júpiter, así como a los dos alquimistas que bailan y hacen cabriolas de alegría al haber obtenido la famosa «agua que no moja las manos». Notemos que éstas no llegan a mojarse en los dos pequeños charcos de agua que el imaginero ha dibujado discretamente a su lado.

Interpretación cartomántica. Liberación. Cambio. Sabiduría. Libertad. Cambio de ideas. Victoria. Alegría. Salud.

Interpretación invertida. Rechazo. Opresión. Explosión. Callejón sin salida. Pérdida. Catástrofe. Cataclismo. Confusión. Imprudencia. Escándalo.

L'ÉTOILE O LA ESTRELLA

(ARCANO N.º XVII)

Descripción. Esta carta representa a una muchacha desnuda, de cabellos azules que caen sobre sus hombros, con la rodilla izquierda apoyada en el suelo, que vierte el contenido de dos recipientes rojos en un estanque o un arroyo. El líquido y el estanque son azules, como los cabellos del personaje. El suelo es de color amarillo, y aparecen en él dos arbustos verdes. En el mayor de ellos podemos apreciar un pájaro, completamente negro. En el Cielo vemos una gran estrella de ocho puntas, amarilla y roja, rodeada de siete astros más pequeños, dos rojos y amarillos.

Simbolismo. Para algunos autores, esta lámina representaría a las Pléyades, donde podemos ver una gran estrella rodeada de siete más pequeñas. Por razones estrictamente simbólicas, sin meternos en el campo de la astronomía, nos parece mucho más probable que esta estrella no sea sino Venus, la *Stella Matutina.*

Esta misma estrella era el objeto de las grandes peregrinaciones medievales, la de Compostela, por ejemplo. Señalemos que esta palabra deriva de *campus* y de *stella,* «campo» y «estrella». Por otra parte, se sabe que el nombre primitivo de Santiago era *civitas venera,* ciudad de Venus.

La Estrella, como el agua, es un símbolo de la bendición o del bautismo. Notemos que si en hebreo la bendición recibe el nombre de *berajah,* esta palabra deriva de *berej,* «rodilla». Si observamos la rodilla izquierda del personaje de este naipe, veremos que la tiene apoyada en el suelo de un modo un tanto extraño.

Interpretación cartomántica. Suerte. Amor. Esperanza. Beneficios. Inspiración. Espiritualidad. Placer. Éxito. Ilusión. Ocasión inesperada. Saciedad. Optimismo. Fe. Equilibrio. Inspiración.

Interpretación invertida. Desilusión. Mala suerte. Desgracia. Pesimismo. Falta de ocasiones. Falta de pudor. Ignorancia. Falta de armonía. Frustración.

❖

LA LUNE O LA LUNA

(ARCANO N.º XVIII)

Descripción. En esta lámina se representa a dos perros que ladran a la Luna hacia la que parecen dirigirse veintidós gotas o lágrimas, rojas, azules y amarillas. Esta Luna se encuentra en cuarto creciente y está dividida en tres planos. Del círculo lunar, en el que podemos apreciar el perfil de la Luna, parten siete rayos azules, siete blancos y quince rojos.

En la parte inferior de la lámina podemos ver un cangrejo de río en una especie de piscina o estanque. En el fondo del naipe aparecen dos torres doradas como el suelo.

Simbolismo. Esta carta recibe también, en algunos Tarots, el nombre de «El Crepúsculo». Uno de sus detalles más curiosos es que las veintidós gotas o lágrimas se dirigen hacia arriba, hacia la Luna. Sabemos, por la astrología, que la Luna es un planeta esencialmente receptivo. Entre los antiguos egipcios se la asociaba a la diosa Isis. Uno de los colores simbólicos de Isis era el azul, sin duda por esta razón el color de la Luna de este naipe es también el azul. Asimismo, es de color azul la piscina o el estanque que vemos en la parte inferior de la carta y que, sin duda, representa las aguas abisales. No olvidemos que Isis-Proserpina era también la diosa de los infiernos.

Interpretación cartomántica. Engaño. Mentira. Fanatismo. Falsedad. Soledad. Trampa. Neurastenia. Oscuridad. Promesas sin valor. Desilusiones. Malas influencias. Peligro. Calumnia. Espejismos. Errores. Alucinaciones. Melancolía.

Interpretación invertida. Engaño descubierto. Ilusión. Confusión. Chantaje. Angustia. Locura. Falta de energía. Errores. Prejuicios. Superstición. Indiscreción.

❖

LE SOLEIL O EL SOL

(ARCANO N.º XVIIII)

Descripción. Esta carta representa al Sol brillante que parece atraer 25 gotas de dos niños medio desnudos que están de pie cubiertos con un taparrabos azul. Tras ellos se aprecia un pequeño muro cuya parte superior es roja y está exactamente a la misma altura que los taparrabos. Por la forma de las caderas y por la longitud del pelo se adivina que el personaje de la derecha, algo más corpulento, es un niño y el de la izquierda, una niña. El niño parece estar invitando a la niña a dar un paso adelante, ¿hacia la tumba de El Juicio que veremos en la carta siguiente?

El suelo de este naipe es amarillo, y apreciamos en él dos piedras que también podrían ser dos pequeños charcos de agua.

Simbolismo. El simbolismo de esta carta es difícil de precisar, ya que aparte del Sol no contiene motivos iconográficos demasiado representativos ni evocadores. La figura del Sol es corriente en la imaginería medieval, y los dos niños jugando constituyen un motivo bastante frecuente en el simbolismo hermético, ya que todos los alquimistas coinciden en que el Gran Arte es «como un juego de niños».

Interpretación cartomántica. Abundancia. Crecimiento. Realización. Éxito. Felicidad. Suerte. Serenidad. Conquista. Dinero. Felicidad conyugal. Liberación. Buen humor. Belleza física. Elegancia. Triunfos. Despertar espiritual. Claridad de juicio.

Interpretación invertida. Soledad. Futuro oscuro. Ruptura matrimonial. Egoísmo. Mala suerte. Vanidad. Falta de amistades. Deslumbramiento. Adversidad. Fracaso. Desprestigio.

LE JUGEMENT O EL JUICIO

(ARCANO N.º XX)

Descripción. Esta carta representa a un ángel con una aureola blanca y alas color carne, que está sobre una nube azul que tapa el Sol. Sostiene una trompeta amarilla a la que va unido un estandarte en el que podemos apreciar una cruz que también es amarilla. En la parte inferior del naipe aparecen tres personajes desnudos, uno de los cuales parece salir de una tumba de color verde. Sus cabellos son azules como los de El Ahorcado (Arcano n.º XII), La Templanza (Arcano n.º XIIII), La Estrella (Arcano n.º XVII) o los de los personajes dibujados en La Torre (Arcano n.º XVI). El ángel está mirando fijamente al consultante, como si

le quisiera informar de algo importantísimo. La base de la trompeta apunta a los dos personajes jóvenes, obviando al viejo.

Simbolismo. En algunos Tarots, este Arcano recibe también el nombre de La Resurrección. En el seno del simbolismo iconográfico cristiano, la trompeta significa la Palabra de Vida, la Palabra regeneradora que es fermento de la resurrección. ¿No representarán estos tres personajes a Adán, Eva y ese diablo que sabe más por viejo que por diablo? Para algunos cabalistas en el pecado original intervinieron los tres. Señalemos que los tres están rezando, como si pidieran perdón, y ya no llevan los cuernos que podíamos ver en el Arcano n.º XV.

Interpretación cartomántica. Juicio. Mejora. Renacimiento. Conclusión o final de un conflicto. Curación de una enfermedad. Despertar. Entusiasmo. Elevación.

Interpretación invertida. Desilusión. Robo. Entierro. Aplazamiento. Error. Envidia. Exaltación con consecuencias nefastas. Castigo. Falta de ponderación.

LE MONDE O EL MUNDO

(ARCANO N.º XXI)

Descripción. Esta carta representa a una figura femenina desnuda, color carne, envuelta en un velo color carne que le tapa el sexo. Sostiene una varita en la mano izquierda que recuerda a la del *Bateleur* o El Mago, y está en el interior de una triple guirnalda oval dorada, roja y azul. La pierna izquierda está cruzada y se apoya con el pie derecho.

En los cuatro ángulos de la carta aparecen los cuatro animales simbólicos del Apocalipsis (inspirados en Ezequiel I:5 a 13): abajo el león y el toro, arriba, sobre una nube, el ángel y el águila. El ángel, vestido de azul, tiene alas rojas. El águila es dorada, con un aura blanca, pero sus

alas son azules, como las de El Diablo (Arcano n.º XV) o las del ángel de El Enamorado (Arcano n.º VI), pero por su forma se parecen más a las de este último.

Simbolismo. En algunos Tarots, el personaje de abajo a la izquierda no es un toro, sino un caballo. Estos cuatro personajes se han relacionado con los cuatro evangelistas canónicos y este motivo se encuentra en más de un relieve o pintura románicos o góticos, basados en las enseñanzas de San Jerónimo (siglo IV).

Sea como fuere, estas cuatro figuras representan los Cuatro Elementos tradicionales: el león es el Fuego; el toro, la Tierra; el ángel, el Aire, y el Águila, el Agua. El quinto personaje, el central, simboliza lógicamente la quintaesencia de los cuatro anteriores. Se trata del mundo purificado, que para algunos autores corresponde al hermafrodita, la perfecta unión de lo masculino y lo femenino. La guirnalda que envuelve a la figura femenina correspondería al «huevo del mundo» del que nos hablan la tradición hindú y la egipcia; para otros sería el «huevo filosófico» de los alquimistas, mientras que para otros no sería sino el símbolo del zodíaco.

En la iconografía marial es frecuente encontrarse con vírgenes rodeadas de una forma de almendra o mandorla. Sin duda, este naipe es uno de los que más comentarios cabalísticos merecerían. La relación entre la «Virgen» y el «mundo» queda bien clara en la etimología hebrea de ambas palabras, y el significado esotérico de la almendra o mandorla no puede ser más evidente. Una vez más, el autor del Tarot nos transmite una enseñanza: que el que no tenga «ojos para ver» ni «oídos para oír» (preferiríamos decir «entendimiento para entender») no podrá apreciar.

Interpretación cartomántica. Perfección. Éxito. Premio. Plenitud. Buena salud. Síntesis. Recompensa. Satisfacción.

Interpretación invertida. Fracaso. Desastre. Fallo. Imperfección. Obstáculo infranqueable. Desilusión. Ambiente hostil. Dispersión. Sacrificio.

SIGNIFICADO DE LOS 22 ARCANOS MAYORES,

SEGÚN GERARD D'ENCAUSSE

Arcano sin n.º El Loco = testarudez, locura.
Arcano n.º I El Mago = el consultante.
Arcano n.º II La Papisa = la consultante.
Arcano n.º III La Emperatriz = iniciativa, acción.
Arcano n.º IIII El Emperador = voluntad.
Arcano n.º V El Papa = inspiración.
Arcano n.º VI El Enamorado = amor.
Arcano n.º VII El Carro = triunfo, protección individual.
Arcano n.º VIII La Justicia = justicia.
Arcano n.º VIIII El Ermitaño = prudencia.
Arcano n.º X La Rueda de la Fortuna = fortuna, destino.
Arcano n.º XI La Fuerza = fuerza.
Arcano n.º XII El Ahorcado = pruebas, sacrificios.
Arcano n.º XIII La Muerte = muerte.
Arcano n.º XIIII La Templanza = templanza, economía.

Arcano n.º XV El Diablo = fuerza mayor, enfermedad.
Arcano n.º XVI La Torre = ruina, decepción.
Arcano n.º XVII La Estrella = esperanza.
Arcano n.º XVIII La Luna = enemigos ocultos, peligro.
Arcano n.º XVIIII El Sol = felicidad material, matrimonio fecundo.
Arcano n.º XX El Juicio = cambio de posición.
Arcano n.º XXI El Mundo = éxito seguro.

TÉCNICAS DE LECTURA: UN EJEMPLO PRÁCTICO

Reglas básicas

a) El tirador ha de explicar al consultante que al formular su pregunta ha de intentar pensar sólo en ella, hasta el punto de que, cuando toque o corte las cartas, ha de conseguir, en cierto modo, impregnarlas de su estado anímico.

b) Antes de proceder a la interpretación y a la explicación oral de una tirada, es conveniente tener una visión de conjunto de ella. Sólo entonces pueden leerse las cartas, después de haber comparado y valorado las diferentes tendencias que aparecen en la tirada. Cuando se ha logrado una visión de conjunto amplia y coherente, es mucho más fácil y menos arriesgado interpretar como se debe los diversos detalles que puedan aparecer.

c) A pesar de lo dicho anteriormente, a la hora de interpretar se intentará hablar siempre a medida que se interpretan las cartas. Es incluso positivo tocar una carta cuando se le explica al consultante qué significa. Se han de evitar los momentos de silencio que pueden romper la inspiración.

d) En la interpretación del Tarot no hay que forzar ni inventar nada. Hay que tratar de ser objetivo y limitarse a transmitir con prudencia y desapego lo que dicen las cartas.
e) Las cartas, como los astros, no determinan, inducen. Por esta razón la interpretación no ha de realizarse nunca basándose en afirmaciones categóricas, sino mediante alusiones y sugerencias discretas. En el fondo de sí mismo, el consultante conoce la respuesta de la pregunta que ha formulado, la lleva oculta en su alma. El tirador no ha de imponerle una respuesta que cree encontrar en los naipes, sino ayudarle mediante éstos a descubrirla en su interior.

TIRADA DE LA CRUZ

Este método es sumamente sencillo y sólo requiere el uso de los Arcanos Mayores. Por esta razón, comenzaremos por él y detallaremos el proceso de la tirada sin extendernos demasiado en la interpretación. Cuando el lector lo haya practicado unas cuantas veces se dará cuenta de su extrema simplicidad. En este segundo ejemplo nos extenderemos mucho más en la interpretación.

Proceso de la Tirada de la Cruz

a) El tirador ordenará los Arcanos Mayores en orden creciente, comenzando por El Loco (Arcano no numerado), al que dará un valor de 0, y acabando por El Mundo (Arcano n.º XXI).
b) El consultante formulará clara y oralmente su pregunta y mezclará las cartas en sentido contrario a las agujas del reloj, o sea en el sentido de los planetas que giran alrededor del Sol.
c) El consultante formará un montón con las cartas que habrá mezclado, y lo dividirá en tres montones que juntará y entregará al tirador.

d) El tirador le pedirá al consultante que diga un número del 1 al 22. Pasará el número de cartas indicadas hasta este número y pondrá boca arriba la carta siguiente.

En el ejemplo que daremos, el consultante ha elegido el número 17. El tirador pasará diecisiete cartas, y se considerará que la siguiente será el número XVII, o sea La Estrella. El tirador repetirá este proceso cuatro veces (o sea tres veces más), obteniendo así las cartas 1, 2, 3 y 4.

En el ejemplo que damos, el consultante ha elegido los números 6, 15 y 17. Observemos que, si estuvieran todas las cartas, le habrían aparecido los Arcanos n.º VI, n.º XV y el n.º XVII dos veces, pero, a medida que se van sacando cartas del mazo, la numeración de éstas deja de coincidir con los números elegidos por el consultante. Las cartas se colocarán en el orden que indica el dibujo:

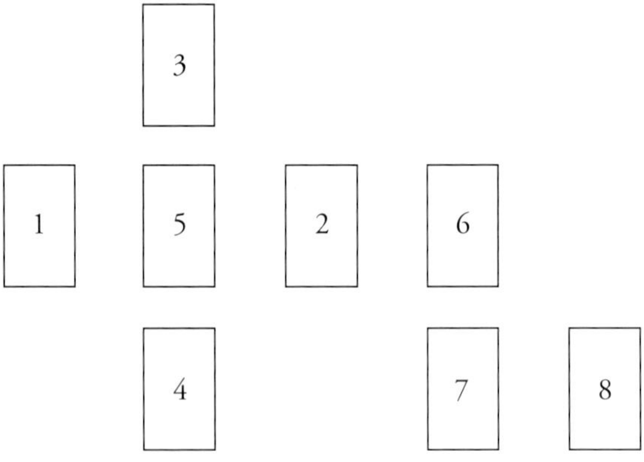

Figura 1. Posición de las cartas en la Tirada de la Cruz.

e) El tirador sumará el valor numérico de las cuatro cartas obtenidas y buscará el Arcano correspondiente a este valor y lo colocará como carta n.º 5.

Si el valor de esta suma diera más de 21, restaría 21 tantas veces como fuera necesario. Si el valor obtenido coincidiera con el de una de las cuatro primeras cartas, no importa; se colocará una carta cualquiera boca abajo y se interpretará como si ésta apareciese en las dos posiciones. Cuando esto ocurre, indica que el significado de esta carta es de gran importancia.

La suma de las cartas 1 y 2 dará la carta n.º 6.

La suma de las cartas 3 y 4 dará la carta n.º 7.

La suma total de las siete cartas obtenidas nos dará la carta n.º 8.

Interpretación del primer ejemplo

Antes de proceder a la interpretación de este ejemplo, explicaremos el significado de cada posición. La carta n.º 1 representa al consultante, el que hace la pregunta; la n.º 2 representa su situación actual o sus circunstancias, pero a menudo se refiere también a la persona sobre la cual pregunta.

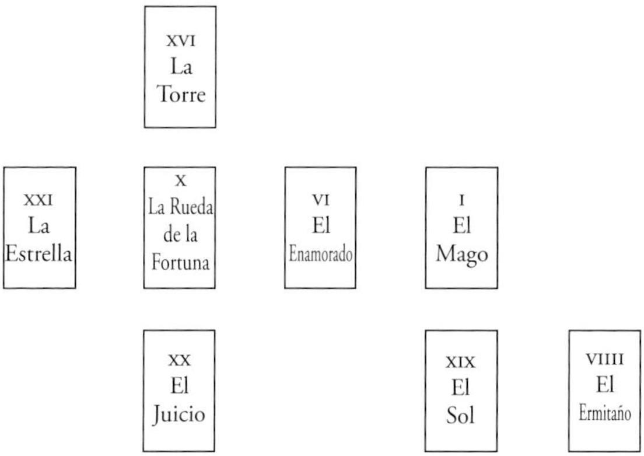

Figura 2. Ejemplo práctico de una Tirada de la Cruz.

La carta n.º 3 se refiere al pasado, a las tendencias que han puesto al consultante en la situación en la que se encuentra; la n.º 4, al futuro, al rumbo que tomará; la n.º 5 es, en cierto modo, la síntesis de la tirada.

Por medio de la carta n.º 6 sabremos qué ha de hacer el consultante; se trata, en cierto modo, de un consejo práctico; la n.º 7 indicará las consecuencias más o menos inmediatas de su actuación, y la n.º 8 servirá para enriquecer el sentido y la interpretación de la tirada en general, o para hacer hincapié en algún detalle o aspecto de ella.

Tomemos, como ejemplo práctico, el caso de una muchacha que, estando muy enamorada de un joven tímido que aparentemente no le hace ningún caso, desea tomar una decisión y manifestarle abiertamente sus sentimientos. La pregunta formulada es muy sencilla:

«¿Debo decirle a Juan Pablo que le quiero?».

Veamos qué nos sugieren las cartas.

1) XVII - LA ESTRELLA

Amor. Esperanza. Suerte.

La consultante, pese a su indecisión y temor, está sin duda ante un momento positivo para actuar.

2) VI - EL ENAMORADO

Amor. Enamoramiento. Vida sentimental. Optimismo.

A primera vista, esta carta refleja perfectamente la situación de la consultante, pero en realidad, por raro que parezca, se refiere al muchacho objeto de la pregunta.

3) XVI - LA TORRE (Invertida).

Opresión. Decepción. Confusión.

La consultante está intentando salir de un callejón sin salida, para ella está acabando una época de confusión.

4) XX - EL JUICIO

Mejora. Renacimiento. Entusiasmo.

Esta carta indica un cambio de posición, una mejora. Se trata, sin duda, de la conclusión final de un conflicto.

5) X - LA RUEDA DE LA FORTUNA

Oportunidad. Éxito. Suerte.

Este naipe señala que tendrá lugar un cambio sumamente positivo, que se presentará una oportunidad. Está en un momento de suerte y vale la pena que lo aproveche.

6) I - EL MAGO

Iniciativa. Actividad. Espontaneidad.

La consultante tomará la iniciativa de revelarle sus sentimientos al joven amado. Se encuentra en el mejor momento para hacerlo.

7) XIIII - EL SOL

Felicidad. Realización.

La resolución tomada será sumamente positiva.

8) VIIII - EL ERMITAÑO

Prudencia. Cautela. Discreción.

A pesar de todo lo que acabamos de ver, la consultante ha de ser prudente y actuar con tacto y cautela al manifestar sus sentimientos al joven amado.

ÍNDICE

El Tarot de Marsella....7
Los 22 Arcanos Mayores....11
Le Mat o El Loco....15
Le Bateleur o El Mago....19
La Papesse o La Papisa....23
Imperatris, L'Impératrice o La Emperatriz....27
L'Empereur o El Emperador....29
Le Pape o El Papa....31
L'Amoureux o El Enamorado....33
Le Chariot o El Carro....37
Iustice, La Justice o La Justicia....39
L'Hermite o El Ermitaño....41
La Roue de Fortune o La Rueda de la Fortuna....45
La Force o la Fuerza....47
Le Pendu o El Ahorcado....49
Arcano n.º XIII....51

Tempérance o La Templanza 53
Le Diable o El Diablo 55
La Maison-Dieu o La Torre 57
L'Étoile o La Estrella 59
La Lune o La Luna 61
Le Soleil o El Sol 63
Le Jugement o El Juicio 65
Le Monde o El Mundo 67
Significado de los 22 Arcanos Mayores 69
Técnicas de lectura: Un ejemplo práctico 71